LE TRIOMPHE DE LA JUSTICE,

OU

LE VŒU D'UN ANCIEN MAGISTRAT VICTIME DE SON DÉVOUEMENT,

ADRESSÉ AU PREMIER CONSUL DE LA RÉPUBLIQUE FRANÇAISE,

PAR le citoyen J. M. PEPIN, *(de l'Ille et Vilaine,) Juris-consulte, ex-Juge au Tribunal civil et criminel du département de la Seine, supprimé après le 18 brumaire.*

A PARIS,

De l'Imprimerie Expéditive, rue Saint-Benoît, n°. 21

AN XI. — 1803.

LE TRIOMPHE DE LA JUSTICE,

OU

LE VŒU D'UN ANCIEN MAGISTRAT, VICTIME DE SON DÉVOUEMENT.

> La vertu proprement dite,
> C'est la justice. (RAYNAL.)

ARRACHER à l'oubli, des vertus sublimes que la France, non moins heureuse que Rome et Athènes, pourra citer avec orgueil, et opposer à ses nombreux détracteurs ; proposer à la sollicitude d'un gouvernement paternel, une grande mesure de justice, un acte éclatant de reconnaissance publique, c'est rendre un hommage solemnel aux principes qui animent les dépositaires de l'autorité ; c'est défendre leur cause contre les insinuations perfides de l'esprit de parti ; c'est contribuer à donner une seconde paix à la France, en plaçant sur les bases inébranlables du sentiment national et de la vénération des puissances étrangères, la pierre angulaire de l'édifice politique.

L'augmentation du nombre des Juges du Tribunal de première instance du département de la Seine, a fait luire le jour heureux qui peut ouvrir la tombe où la vertu modeste et sans appui, gémit depuis près de trois années. A cette idée, mon cœur se dilate, mon être s'agrandit; il me semble que tout ce qui respire, partage mon enthousiasme pour un acte de justice qui rappellerait à la vie, des hommes auxquels, j'ose le dire, les Romains auraient décerné des couronnes civiques.

Ils palpitent encore pour la patrie, les cœurs généreux des trente-huit Magistrats du Tribunal civil du département de la Seine, auxquels, quelques mois après le 18 brumaire, le Ministre de la Justice écrivait, dans une circulaire imprimée: *restez à votre poste, redoublez de zèle et d'assiduité, et croyez que les changemens qui doivent s'opérer dans l'ordre judiciaire, n'ont pas pour but de changer les individus, mais de donner à la justice une marche plus rapide*, etc. etc.

Ces Juges qui avaient enregistré la loi du 19 brumaire, et prêté, par acclamation, le serment de fidélité au nouveau pacte social, n'avaient pas attendu cette promesse pour donner au Gouvernement naissant des gages de leur amour et de leur dévouement. Leurs ennemis les plus acharnés conviennent eux-mêmes qu'ils n'ont été oubliés que pour avoir, pendant les six mois qui ont suivi la mémorable journée du 18 brumaire, sacrifié à l'intérêt public, l'intérêt privé de *l'existence à vie* qui leur était promise et qu'ils auraient pu défendre avec quelque succès, malgré le nombre et le crédit de leurs concurrens, si l'honneur et la délicatesse, si la dignité des fonctions de la magistrature avaient pu se concilier avec le scandale d'une pareille lutte.

Il est donc démontré que les anciens Juges de Paris, ont vu avec courage et résignation les approches de leur destruction, et que loin de quitter leurs siéges et d'interrompre le cours de la justice, pour veiller au soin bien naturel de leur propre conservation, ils se sont chargés d'une tâche extraordinaire et forcée, pour suppléer le petit nombre de leurs Collègues qui ont jugé à propos d'invoquer l'appui de leurs protecteurs contre le danger dont ils étaient menacés.

Si ce trait seul d'abnégation donne la mesure de la moralité de mes anciens Collègues, et leur acquiert des droits à la gratitude publique, de quels sentimens d'estime, de vénération et de respect ne seront-ils pas environnés lorsque l'on saura que depuis la révolution, roulant dans un cercle de fonctions publiques, ils ont été constamment sur la brèche, et que leurs talens autant que leur énergie ont calmé la tempête révolutionnaire, et préparé ces jours sereins et prospères dont jouissent actuellement les fondateurs du nouvel ordre de choses? Entre les preuves nombreuses que je pourrois fournir à l'appui de cette assertion, je ne citerai que deux de mes anciens Collègues dont j'ai moi-même partagé les dangers, le courage et le rare désintéressement.

L'un d'eux, ex-constituant, jurisconsulte distingué, nommé ainsi que moi accusateur militaire à l'armée de l'Ouest, dans les tems où la mort et la dévastation étaient à l'ordre du jour, jaloux de défendre les droits sacrés de la justice et de l'humanité, se rendit avec moi à la barre de la Convention nationale, en 1793, pour plaider la cause des défenseurs de la patrie, que l'arbitraire dévorait par milliers sans distinction de grades, de services et d'opinions. Un succès inespéré couronna cette entreprise; la Loi du 3 Pluviôse, en fut l'heureux résultat. Ce brave collègue fut ensuite adjoint au comité militaire, où il fit tout le bien dont est capable un homme qui unit à la pureté du cœur les connaissances les plus étendues. Pour moi, je retournai à mon poste où, fort de la loi et de ma conscience, j'eus le courage de braver les vociférations du terrorisme, qui ne voyait dans les hommes de loi, que des modérés dignes de l'échafaud. Là, j'eus le bonheur d'organiser les Tribunaux militaires, composés de Jurys d'accusation et de jugement, et qui par conséquent n'avaient rien de commun avec les commissions militaires. Partageant le pain noir des soldats, vivant avec la frugalité la plus austère, je donnai l'exemple de ces vertus que les Romains appelaient patriotiques, parce que parmi eux aucun brigand n'avait conçu l'affreuse idée d'assassiner au nom de la patrie et de la liberté; en un mot, je réussis, sans recourir aux moyens violens, à comprimer toutes les factions ennemies du bien public. Ici, je dois, sans sortir de mon sujet, payer un juste tribut aux vertus de l'officier de police militaire qui fut nommé président du Tribunal dont j'étais membre, le citoyen Chatillon, ex-juge du Tribunal de Paris, non compris dans la nouvelle organisation judiciaire, et qui depuis a eu beaucoup de peine à obtenir la vice-présidence du Tribunal séant à Gand. Quel pinceau pourrait retracer fidèlement l'énergie, la constance, l'abnégation qu'il a déployées dans le cours orageux de ses fonctions? Briser les fers de plus de vingt mille victimes de la tyrannie; sauver la ville de Tours qu'un régiment en insurrection avait sans résistance prise d'assaut, en entrant dans son sein, au milieu du jour, en voulant tourner contre elle les armes que la patrie lui avait confiées pour sa défense; combattre les suppôts du despotisme, qui précipitaient dans des cachots infectés de miasmes pestilentiels, les braves et honnêtes militaires, et ouvraient les portes des prisons aux assassins, aux incendiaires, aux voleurs contre lesquels existaient des actes réguliers d'accusation; voilà l'abrégé et le résultat des travaux utiles et méritoires de cet ancien Collègue qui a partagé mes principes et ma proscription. Ces faits sont de notoriété publique. Le compte imprimé que nous avons rendu à la Convention nationale, après la suppression des Tribunaux militaires, prouve qu'aucune goutte de sang n'a coulé sous le glaive de l'arbitraire ou sous le fer des vengeances particulières, pendant l'action et la réaction, graces aux mesures que j'ai fait exécuter, *à mes frais*, pour faire respecter les personnes et les propriétés. Certes, si j'avais alors obtenu le remboursement des 23,000 francs par moi avancés pour une cause aussi glorieuse, j'aurais borné mon ambition à cultiver le champ de mes pères, loin du tourbillon des élémens indestructibles de l'intrigue, de l'égoïsme et de l'ingratitude. Mais le fonctionnaire probe n'a pas la faculté d'opter entre la retraite et le travail, et souvent il n'obtient ni l'un ni l'autre.

Cependant, une disposition de la loi portant suppression des Tribunaux militaires, promettait aux membres qui en avaient fait partie, un prompt replacement ou une retraite. Je crus donc devoir me rendre, au commencement de l'an 4, à l'audience publique du directoire exécutif. J'y fis parler mes services et l'honorable indigence qui attestait la pureté de ma conduite; j'y produisis le certificat, *non mendié*, du ministre de la guerre, et il fut arrêté que les anciens membres des Tribunaux établis près les armées de la République, jouiraient provisoirement des subsistances militaires. Quelque tems après, j'obtins une gratification particulière de 1,200 francs, à titre de récompense nationale, et j'eus la satisfaction de faire comprendre pour la même somme, dans l'ordonnance du 18 pluviôse an 4, le citoyen Gontier, vieillard respectable, ex-président du Tribunal dont je faisais partie, qui était venu à mon secours dans un moment où, par l'effet de la perfidie d'un comité révolutionnaire (qui avait feint de me prendre pour un chouan déguisé en accusateur militaire) me trouvant entre l'alternative de cesser de vivre ou d'abandonner la cause des militaires opprimés, j'avais sans balancer préféré l'échafaud.

Depuis cette époque, le Gouvernement m'a nommé successivement à trois places de magistrature, et j'étais membre de la section des causes d'appel du Tribunal du département de la Seine, lorsque j'ai partagé le sort de la majorité de mes Collègues, dont les vertus plus qu'héroïques, seront toujours présentes à ma mémoire.

Leur modestie ne me pardonnera pas sans doute de les avoir arrachés à l'oubli dans lequel ils aiment à se plonger ; mais je pense que l'honneur et l'intérêt public commandent à l'homme de bien de cesser d'être modeste, et de faire entendre sa voix, alors que les poignards de la calomnie, enhardie par douze années d'impunité, sont dirigés contre son sein ; alors que tous ses amis l'abandonnent aux effets meurtriers de la prévention et à l'acharnement des factions exterminatrices. Qui plus que moi a le droit de se plaindre, des fureurs de l'esprit de parti, puisqu'au moment décisif, où les commissions de Juges allaient se délivrer au nom du Premier Consul, mes ennemis ou plutôt ceux du nouvel ordre de choses, se rappelèrent que j'avais chanté les triomphes du général Bonaparte, en l'an 6 et à son retour d'Egypte, et que ma muse s'était empressée de célébrer la journée du 18 brumaire, et d'émettre son vœu pour la paix générale ? Ce dernier crime fut jugé irrémissible. Ils réfléchirent, en outre, que j'étais à la veille de devenir directeur du jury d'accusation ; et, à ce poste important, un ancien accusateur public, ferme, laborieux et connaissant par état tous les genres, toutes les formes de conspirations, leur parut assez redoutable pour mériter d'être anéanti par tous les moyens possibles. Soudain, les libellistes, les diffamateurs à gages, les calomniateurs et leurs échos furent mis en réquisition. Les insinuations sourdes et ténébreuses n'ayant rempli qu'imparfaitement le but de la faction, elle chercha jusques dans les prisons des signataires de placards et de libelles diffamatoires. Elle offrit la liberté et une récompense pécuniaire à deux intrigans détenus à Sainte-Pélagie, contre les entreprises desquels j'avais défendu la propriété publique, avec mon énergie ordinaire.

L'un d'eux attacha son nom flétri depuis 40 ans, à un libelle intitulé *un mot*, dans lequel il fit l'aveu maladroit qu'il était rongé de vermine, et réduit à la plus affreuse misère. C'était se déclarer salarié, c'était se proclamer l'instrument d'une faction ; car il est constant qu'il a été dépensé plus de 30,000 francs, en frais d'impression, timbre, circulation et affiches d'un libelle qui ne pouvait avoir pour objet un simple particulier, et qu était, d'ailleurs, insignifiant, puisqu'il ne censurait que mes prétendues opinions politiques ; cependant, il fut répandu, colporté et reproduit pendant un mois entier, par plus de cent presses qui gémirent sous le poids de quatorze mensonges, auxquels la seule conformité de mon nom avec le cn. Pepin des Grouhettes, prêtait de la vraisemblance.

Si les circonstances n'eussent lié de la manière la plus étroite, l'intérêt du gouvernement à celui de mon honneur, je n'aurais répondu à cette attaque que par le plus profond mépris; mais il était du devoir d'un Magistrat encore en exercice, de démasquer les agens de cette trame odieuse. Pour remplir ce but, je déposai chez un notaire des pièces authentiques et légales qui établissaient la preuve qu'il n'existait pas un mot de vrai dans le libelle évidemment enfanté par les ennemis de la gloire du Premier Consul, et je saisis cette occasion pour demander une loi pénale contre le plus lâche et le plus barbare des assassinats, *la calomnie*. Je fis plus : je portai plainte devant le Juge de paix de la division du Mail, et j'administrai la preuve que l'acharnement de la faction qui versait l'or pour m'assassiner publiquement, était porté à un tel excès que ses diffamations se placardaient même pendant la nuit.

L'information fut commencée tant sur cette plainte que sur celle que j'avais formée en tentative d'assassinat, prouvée par quatre dépositions uniformes ; mais telle est la puissance du métal corrupteur, qui engendre et absout tous les crimes, que la procédure et le Juge de paix lui-même disparurent, sans laisser aucune trace.

Ma mort politique fut le terme de la fureur des factieux. Je vis s'évanouir pour jamais l'espoir du bonheur qui m'était promis, et qui se trouvait subordonné à l'événement de la conservation de ma place. Le chagrin, ce mortel poison des ames sensibles, m'occasionna une maladie cruelle qui, pendant près de huit mois, mit mes jours dans le plus grand danger.

Si l'on m'accuse *d'avoir manqué de philosophie*, le même reproche s'applique à mes infortunés Collègues. Tous ont payé le tribut à un genre de souffrance morale que l'on ne peut maîtriser, celui du sentiment de l'injustice, de l'ingratitude et de l'anéantissement moral plus cruel que la mort. Le vertueux Bellot, notre doyen et notre président, qui se glorifiait d'avoir eu l'avantage de prononcer le discours de félicitation, lors de l'installation du Premier Consul au Palais des Tuileries, ayant essuyé l'affront d'être nommé suppléant, vient de mourir des suites du violent chagrin qui, à cette nouvelle, décomposa son sang déjà appauvri par les années. Il avait fini par être nommé Juge de première instance, mais cet acte d'une justice d'ailleurs incomplète, a été trop tardif. Un autre de mes Collègues, quoique doué d'une constitution robuste, passa de l'état de raison à celui de démence, à l'idée seule du néant politique dont il était menacé.

Il résulte de cet historique fidèle, que par l'effet de la nouvelle organisation judiciaire, trente-huit membres du Tribunal de Paris, ont été déplacés sans avoir reçu aucune indemnité, et dans un moment où cinq mois de leurs appointemens se trouvaient arriérés; dans un moment encore où la carrière de toutes les autres places auxquels ils auraient pu prétendre, se trouvait irrévocablement fermée. On objectera que le Gouvernement a rendu justice aux talens et aux vertus de plusieurs de ces victimes, en les nommant Juges dans les départemens; mais, d'un côté, la modicité du traitement, de l'autre, l'impuissance de faire face aux frais de voyage, dont l'état ne fait ni l'avance, ni le remboursement, ont empêché la majorité de saisir cette planche dans le naufrage. Il ne lui est donc resté que la triste ressource de faire un appel à la confiance, en reprenant les travaux d'un cabinet anéanti par plusieurs années d'abandon, et en luttant contre le triple fléau de la rareté du numéraire, de l'ingratitude des cliens et de la défaveur dont une aveugle prévention frappe indistinctement tous les anciens fonctionnaires publics. On peut en conclure que les jours de cette majorité ne sont pas filés d'or et de soie.

Une occasion se présente de mettre un terme aux souffrances de huit de ces anciens Juges, qui ont bien mérité de la patrie. L'augmentation des Juges de première instance du département de la Seine, offre le moyen précieux de réparer un oubli auquel l'extrême concurrence a donné lieu, et d'assurer ainsi le triomphe de l'éternelle justice.

L'article premier de l'arrêté des Consuls de la République, que je propose, remplira cet objet.

C'est à la sensibilité et à la justice, qu'il appartient de juger le second article. Il a pour but d'adoucir les maux d'anciens magistrats qui ont lié leurs destinées à celles de la révolution, qui n'en ont cueilli que les épines cruelles, et dont on sait que toutes les ressources se trouvent épuisées. Si, de tout tems, il a paru juste d'accorder aux militaires retirés, un traitement de réforme, ou une solde de retraite, pourquoi les ex-fonctionnaires civils qui ont aussi payé leur dette à la patrie, en défendant les personnes et les propriétés dans l'intérieur de la République, au sein même de la tourmente:

volutionnaire, seraient-ils jugés indignes des regards bienfaisans de la mère commune?

Précipité dans l'abyme des maux que la malveillance se plaît à accumuler sur la tête des fonctionnaires humains et étrangers à toutes les factions, dépouillé d'une place de magistrature qui suffisait à mon ambition, et qui était l'unique récompense de huit années de travaux et de sacrifices, il me serait peut-être pardonnable de m'isoler, et de ne faire valoir que mes droits particuliers à une des places de Juges, que le Gouvernement a créées - mais je n'aime à voir que l'intérêt public; lui seul me presse et me sollicite d'appeler l'attention du Premier Consul, sur le sort de mes anciens collègues qui seraient vraisemblablement encore juges, s'ils avaient méconnu la voix de la patrie qui leur défendait de quitter leurs siéges, pour descendre dans l'arêne des sollicitations.

C'est d'après ces considérations importantes et sacrées, que, plein de confiance dans la justice du Gouvernement, j'ose proposer à sa sagesse, sauf rédaction, un arrêté ainsi conçu:

ARTICLE Ier.

Les huit places de Juges nouvellement créées près le Tribunal de première instance du département de la Seine, seront accordées exclusivement aux anciens Juges du Tribunal de Paris, qui étaient encore à leur poste, six mois après le 18 brumaire, et qui n'ont pas été conservés. Pour cet effet, ils feront inscrire leur demande dans le délai de , et attendu l'insuffisance du nombre de ces places, elles seront distribuées entre ces mêmes anciens Juges par la voie du sort.

ARTICLE II.

Il sera payé par le Ministre du trésor public, sans aucune retenue et nonobstant toutes oppositions faites et à faire, sur l'ordonnance du Grand-Juge, Ministre de la Justice, à titre d'indemnité et récompense nationale; une somme de 4,000 francs aux ex-juges, que le sort n'aura pas favorisés, sans préjudice de leur droit spécial aux premières places qui viendront à vaquer, suivant l'ordre que la voie du sort déterminera également.

RÉSUMÉ.

ASSASSINS *multiformes*, Caméléons politiques, éloignez-vous, respectez les malheurs de la vertu! Votre haleine impure ternirait ces lignes tracées sous la dictée de la raison et de la vérité. Je n'écris pas pour les êtres immoraux, qui nous font, pour ainsi dire, un crime d'avoir repoussé les offres intéressées de protection et de recommandations, qui nous étaient faites dans les tems où nous pouvions rendre service pour service; mais, j'aime à persuader les hommes qu'un faux systême d'économie des fonds publics rend avares du trésor *inépuisable*, dont il se croient les gardiens nés et en quelque sorte les propriétaires. Je leur observerai que les dépenses, disséminées dans l'intérieur pour les besoins indispensables de la vie, reviennent nécessairement de la circonférence au centre, et qu'au surplus la patrie doit des secours à ceux de ses enfans qui ont épuisé pour elle leur fortune et leur santé, dans les fonctions pénibles et délicates de la magistrature. J'ajouterai que cette dette m'a toujours paru si sacrée, que je m'estimerais heureux d'être en état de l'acquitter moi-même, et de faire ce dernier sacrifice au pays qui m'a vu naître. Que les ames froides et insensibles se gardent d'élever des doutes sur la sincérité d'un vœu que j'ai manifesté d'une manière authentique, immédiatement après les changemens imprévus qui, au moral

moral comme au physiqne, ont creusé la tombe de mes Collègues et la mienne ?

Que les personnes qui ne croient pas au mépris des richesses, cousnltent les archives du règne de la terreur ? Elles y trouveront la preuve que j'aurais pu enchaîner la fortune sans me compromettre, puisqu'il ne s'agissait que d'exécuter docilement et sans excepter même mes propres Collègues, des ordres sanguinaires que le fanatisme de la barbarie faisait alors considérer comme la pierre de touche du patriotisme, et que loin d'avoir suivi cette horrible impulsion, j'ai fermé les tombeaux dans les tems où l'humanité en pleurs ne trouvait plus d'asyle qu'au sein des armées. Quelle est aujourd'hui ma récompense ? Je laisse cette question à résoudre aux hommes impartiaux, aux ennemis de l'intrigue, du mensonge et de l'hypocrisie.

Si je parlais à des Ministres d'un régime qui n'est plus, je me garderais bien de leur proposer de sacrifier à l'intérêt de la justice, la trop flateuse, la trop séduisante prérogative de dispenser les places au gré des protecteurs puissans dont ils aimaient à capter les bonnes graces ; je n'entreprendrais pas de leur persuader que ce droit, encore plus dangereux qu'honorifique, fut, de tout tems, une véritable pomme de discorde, une source de haîne et de ressentimens inextinguibles, par la raison bien simple que si, par exemple, cent vingt personnages, également recommandables par leur rang et par leur crédit, sollicitent, chacun pour son protégé, une même et unique place, le Ministre se fait nécessairement *onze cent quatre-vingt-dix-ueuf ennemis*, pour un seul ami, qui souvent devient ingrat ou inconstant; mais, j'ai l'honneur de parler aux premiers Magistrats d'une grande République, à des hommes supérieurs aux harmes ennivrans de la vanité et de l'amour-propre, n un mot, à des Citoyens dont toutes les affections, utes les jouissances se composent de leur propre inté- t bien entendu : celui de la chose publique.

C'est aux cœurs magnanimes que j'adresse cet opuscule, enfant de mes pénibles et douloureuses méditations. Qu'il daignent interroger ceux d'entre mes compatriotes qui occupent des places distinguées ? Ils apprendront que ma conduite privée fut toujoursdigne du caractère politique que j'ai déployé depuis la révolution. A l'âge le quinze ans, j'ai sauvé la vie à cinq de mes camarades l'études qui avaient disparu en essayant d'apprendre à nager. Ma bourse a toujours été ouverte à mes amis et aux infortunés. Tous les momens de mon existence ont été consacrés à des travaux utiles, etc.

S'il est constant que mon humanité et mon courage ne se sont point démentis, au fort de la tempête révolutionnaire; si j'ai défendu la cause des favoris du Dieu de la victoire contre le monstre de l'arbitraire, cent fois plus redoutable pour eux que toutes les armées des puissances coalisées; je n'aspire, pour prix de mon dévouement, qu'à l'avantage d'être lu, et je fais un appel aux amis du Premier Consul, pour obtenir cette première faveur.

Le reste sera l'ouvrage de ses vertus et de son impartialité.

Nota. Le Mémoire suivant, adressé, à plusieurs reprises, aux premières autorités de la République, est depuis trois mois, sous les yeux du Citoyen Grand-Juge, Ministre de la Justice.

MÉMOIRE.

Le citoyen Jean-Marie Pepin, Jurisconsulte, né à Rennes, département d'Ille et Vilaine, ex-juge, n'ayant recueilli d'autre fruit des diverses fonctions publiques qu'il a remplies dans l'ordre judiciaire, avant comme après la révolution, que le sentiment d'une conscience pure, est obligé de solliciter son replacement, et de présenter, pour cet effet, un apperçu rapide des titres qu'il croit avoir à la confiance du Gouvernement.

Pendant huit années consécutives, le citoyen Pepin, a exercé, en qualité de titulaire, la charge de conseiller du Roi, Greffier en chef des Eaux et Forêts, près le Parlement de la ci-devant province de Bretagne.

La suppression de tous les offices lui a ravi cet état.

Le citoyen Pepin était alors à Paris, où il s'occupait des moyens de faire adopter un plan d'amélioration du régime forestier. M. du Couedic Grand-Maître des Eaux et Forêts, qui avait été à portée de connaître son zèle et son intégrité, l'avait chargé de cette mission importante.

Au commencement du mois de mai 1793, le citoyen Pepin fut nommé accusateur militaire à l'armée de l'Ouest. Au mois de juin suivant, il se rendit à ses frais à Niort, avec le citoyen Bonnemant, ex-constituant, l'un de ses Collègues; mais, les passions révolutionnaires acquirent, à cette époque, un tel dégré d'effervescence, que ces deux fonctionnaires formèrent la résolution courageuse de se rendre à la barre de la Convention nationale, pour demander la force et la protection dont ils avaient besoin, pour organiser les Tribunaux dont ils étaient membres, fixer les limites de la compétence des commissions militaires qui jugeaient sans examen, en un mot, pour placer les défenseurs de la patrie sous l'égide des lois conservatrices des personnes et des propriétés.

Ces deux Magistrats ayant été entendus avec intérêt, furent adjoints aux travaux du comité militaire, avec lequel ils rédigèrent un nouveau projet de loi, qui fut adopté, le 3 pluviôse, par la Convention nationale. Le citoyen Bonnemant, ayant eu l'avantage de trouver à Paris, au sein de ce comité, une place qui le mettait à l'abri de la tourmente politique, le citoyen Pepin fut chargé par le Ministre de la guerre de braver seul, dans la Vendée, les dangers de l'organisation des Tribunaux militaires contre lesquels les commissions et les comités révolutionnaires avaient formé une coalition redoutable.

Il est à remarquer que le citoyen Pepin, possesseur d'un cabinet accrédité, situé rue du gros Chenet, créancier de la République, pour une somme considérable dont il avait intérêt de presser la liquidation, fit preuve d'une entière abnégation, en déférant aux ordres de ce Ministre auquel il pouvait, pour toute réponse, envoyer sa démission. Mais la patrie avait parlé à un cœur qui mettant l'humanité au rang des premières vertus, bornait toute son ambition à la gloire de venir au secours de plus de cent mille hommes exposés au triple danger de l'arbitraire, de l'encombrement des prisons et des maladies épidémiques qui en étaient une suite naturelle. Le citoyen Pepin ne crut donc pas devoir faire attendre son retour à l'armée de l'Ouest, où il était annoncé comme un libérateur.

Ses premiers pas dans la Vendée, furent marqués par des dangers sans nombre et par des difficultés presqu'insurmontables. Les agens de la terreur lui écrivaient : *nous t'avertissons fraternellement que ton humanité te perdra*. Peu effrayé de ces menaces, alliant la modération à l'énergie, ce Magistrat surmonta tous les obstacles, et parvint même à obtenir la suppression des commissions militaires. Il est de notoriété publique que le Tribunal près lequel il a exercé ses fonctions, ne fit couler aucune goutte de sang pour opinions politiques. Les assassins et les voleurs furent seuls punis. Les tombeaux où l'innocence gémissait, furent ouverts, et l'arbre de vie fut planté sur le domaine même de la mort.

Quelle fut la récompense de ce dévouement éprouvé par trois années de travaux et de sacrifices ? Au moment où réduit à la ressource insuffisante de ses appointemens payés en assignats discrédités, Le c^n, Pepin, sollicitait envain le remboursement de 23,000 francs dont il avait fait l'avance généreuse, (et qui lui sont encore dus) pour frais d'observations, de police, d'administration, d'organisation des Tribunaux militaires, et de sollicitations à Paris, ce magistrat reçut la nouvelle de la suppression des Tribunaux militaires, et fut obligé de se rendre à Paris, dans un état de dénuement aussi pénible pour lui qu'a vilissant pour le Gouvernement qui l'avait employé.

Cependant, le directoire exécutif, sur la vue du compte rendu par le Tribunal de l'armée de l'Ouest, et du certificat du Ministre de la guerre, portant : *que le citoyen Pepin avait rempli les fonctions de sa place, avec zèle et intelligence*, lui accorda, à titre de récompense nationale, les subsistances militaires, en attendant son replacement ordonné par la loi qui supprimait les Tribunaux militaires.

Après quinze mois de sollicitations et de démarches, le citoyen Pepin fut nommé à des places de Juge et de Commissaire dans les départemens réunis, et, en dernière analyse, Juge au Tribunal civil du département de la Seine, où il a continué de servir la chose publique, en se livrant sans partage à des travaux aussi utiles que pénibles, notamment comme directeur du Jury, et comme membre du Tribunal criminel.

Il était depuis dix mois attaché à la Section où se portaient les causes d'appel, lorsque la nouvelle organisation judiciaire a servi de prétexte pour lui ravir sa place. Il respecte infiniment les motifs qui ont pu faire oublier que toute sa fortune est dans les mains du Gouvernement, qu'en conséquence il a besoin d'un emploi pour assurer son existence. Il se contente d'observer que pendant l'exercice de ses fonctions, il ne s'est élevé contre lui aucune plainte, aucune dénonciation ; et, si de lâches calomniateurs l'ont frappédans les ténèbres et hors sa présence, il est juste de considérer qu'aucun fonctionnaire public n'est à l'abri des fureurs de l'esprit de parti, sur-tout quand, obéissant à sa conscience, il a le courage de se rappeler sans cesse, dans les momens difficiles où la vertu se trouve aux prises avec le crime, ce que l'honnête homme se doit à lui-même, ce que le citoyen doit à sa patrie.

Nota. Une souscription est ouverte chez l'auteur, rue des Fossés-Montmartre, n°. 40, pour un projet d'un nouveau Code criminel, suivi de modifications à la loi sur la police correctionnelle, et de Notices historiques et raisonnées sur les dangers de l'impunité de la calomnie et de plusieurs autres délits non prévus par le Code pénal, le tout formant un *vol. in-8°.*, dont le prix sera fixé à 3 francs payables à la livraison.

www.ingramcontent.com/pod-product-compliance
Ingram Content Group UK Ltd.
Pitfield, Milton Keynes, MK11 3LW, UK
UKHW020539230726
13925UKWH00006B/2380

9 782014 055689